AF397868

Kustantaja: BoD - Books on Demand,

Helsinki, Suomi

Valmistaja: BoD - Books on Demand,

Norderstedt, Saksa

ISBN: 978-952-80-4282-2

LOPUT

Kun lasillinen vettä yöpöydältä
kaatuu
valo kaatuu.

Rakastan sinua
kuten rinnakkaisessa todellisuudessa
me hyväilemme
toisiamme.

Pyykkipinnat housujen lahkeissa;
Ukkosenjohdattimet.

Irronnut pölykapseli on frisbee.
Tuoksuu vieras.
On syyskuu
kun minä lähestyn
kohtusi pyhyyttä.
Kilpikonnista kohoaa savua.
Valas täynnä kolikoita.

Parvekkeella
korkean paikan kammo
Metropolimetsät.
Maisema näännyttää.

Öinen kaupunki
kasvaa sisään.
Valot mainokset.
Ahdistus.
Ei lapsia.
Laulavien talojen
epäsymmetria.

Sadepisara valuu

mallinuken silmäkulmasta.

Aitous.

Sade jatkuu.
Alakulo jota vaalimme
biisivalinnoilla.

En
ole huomannut taloyhtiön
uutta autokatosta.
Näen sinut kuten kosmonautti.

Tunteita
Lapio kun se osuu kiveen.
Kuiva suu saunassa nielee villaa.
Kun vaatteet ovat märät
sataa ikuisesti.

Tuuli heittelee roskia.
Kiljua ja 15.vuotias.
Sininen rappukäytävä.
Lämmittelypaikka.
Äiti.

Aurinkolasit päässä
saan olla vihdoin yksin.
Huoltoasema.
Kartta on maisema pois.

Voisi kuvailla.
Universumi.
Mutta hämähäkki.

Kuolema kun
muut jatkavat.
Absurdia unihiekkaa.

Joskus olemme todellisempia.
Kutittaa.
Tulevaisuudet.

Oloni on rauhallinen
Takuukuitti
kirjahyllyssä.
Toinenkin elämä.

Tyhjä huone
jossa voi hengittää.
Valtavasti ilmaa.
Ahmin puut ja kerrostalot.

Minulla on Leopardin
ja suihkukoneen ääni.
Hetken olen kaikki.

Ota valokuva unestasi.
Suutele se minuun.

Yksinäisyyden muistaa toisin
vaikka valkoinen se.

Se maistuu suussa oranssilta.

Ikä kelluu
sitä yrittää kivittää.

Tuuli kourii hametta.

Paljas valaistu heijastus.

Ehkä vagina.

Raketti-ilo.

Näet talven ikkunasta.
Olet se
johon sekoittuvat
tulevat jäljet.

Sängystä on lauta rikki.
Muisto.
Upposin tummiin hiuksiisi.
Vatsa.

Sillalta katsottuna
partakarvat lavuaarissa.
Kahdenkeskeinen utopia.

Paperiin jää arpi.

Voihkit.
Tapetit rypistyvät.
Se on väriltään vihreä.
Maku maalin.

Hetki jota ei odottanut.
Näkee kaiken.
Entäpä toisin.

Jos se olisi violetti.

Liturgia

joka putoaa kuin pallo.

Voimme vain kuvitella
ja muodostamme siitä
henkilökohtaisen todellisuuden.

Se olisi harmaata.

Koristeltu.

Keltainen tunne

Rypsiöljy pannulla.

Leskenlehti

syy

seuraus.

Nyt entinen koti
näyttää synkältä.
Eletyt elämät
innostuvat hölkkäämään

kohti sinistä.

Kaupassa lähietäisyydellä
Pelkää kadottavansa toisen

ruskeakastike.

Lapsuudesta nakit.

Jalkapallo karkaa näkyvistä.
Toinen todellisuus.
Keksi väri.
Ulottuvuus
mutta syvempi.

Sielussa ambulanssi.
laulaa
katkoviivat

ääniä.

Mainitsinko jo mustan

musta on toisinto:

Sana

Tauko

Toisto

Tauko

Sana

-

Autiomaassa tahtoisin
puhua akustiikasta.

Joskus ruoka
on kangastus
suu täynnä

ettei se maistu.

Ikkunassa on jonkun
toisen talvi.
Sinun luntasi silti.

Mämmiä kermaa.

Se että omaksuu
jonkun toisen ihmisen
virtsanvärisen pelon.

Miten pudonnut jäätelöpallo
kaikuu parkkihallissa.

Stop merkki.

Suolasirotin
Sokeri
Välissä sinä.
Viimekesän purjevene.

Savu kun se
haluaa kätkeä maiseman.
Mitä sinä katsot?

Paljas
ja miten valo
siinä valehtelee.
Isoja koiria

patsaita

mitättömyys

punaista.

Hampurilainen

suun tuntemattomuus

ei mittasuhteita.

Pölyistä puhetta
miten hymy putoaa
pala palalta.

Vääntyy auki ontelot.

Silmät katsovat silmiä.

Olla pahoillaan
kuin naftaiset nymfit.

Kaamostunne.

Meidän täytyy keksiä kaikki yöt.

Puhkaista kalvo.

Löytää sumusta.

Maistuu samalta.
Kokemus saa sen
vaikuttamaan toiselta.
Ahvenruohomatto.

Olet saippua.
Suihkussa hyväilyä.

Huonekalut ettet
koskaan lähtisi.

Saan sen vaikuttamaan
raskaalta.

Nenä vuotaa
jääkaukalo.
Tähti joka putoaa
lapsen kurkkuun.

Lapset keinuvat.
Unta ja valvetta.
Jossakin täplä.

Paikka jota määrittää.

Talvipäivät

tunteet

tuoksut.

Seireenien lelut.

Sängyssä käännyn sinua kohti.
Seinät lakkaavat olemasta.

Kuparinvärinen kaivon kansi
kolikkona pyörii ja kilahtaa
mytologian rappusia vasten
keisarin jalkojen juureen.

Lenkkeilijät tekevän aamun.
Hiki tippuu mukiin.
Itsemurhakahvi.

Päivä aloittaa minusta.

Tutkit sisäelimiäni.
Haluaisit olla lasi konjakkia.
Tuoksut siltä.
Hiuksesi jatkuvat iltaan asti.

Riko se lasi.

Heitä minut lattialle.

Nopat.

Joulu.
Paljon sukulaisia
muodostavat kinkun.
Lahjat toisenlaisia
eläimiä
jotka täytyy herättää.

Meri on...

Nyt ei huvita.

Ruoste narisee

Radion ruosteinen syvä taajuus.

Elämän paino.

Rakkaani ripsillä lunta.

En odota mitään.

Laaja mieli.

Katse.

Kieli.

Esileikki.

Kävelin ostoskeskuksen
seinän läpi
ja odotin Kapteeni-Amerikan
seuraavaa siirtoa.

Liukuportaat takaisin menneisyyteen.
Olin lapsi.
Pelkäsin että ne loppuvat.

Se kauppa myi
pelkkiä ajatuksia ja
tuplasi liikevaihtonsa.

Yhtäkkiä ehyt
ja kevyt.

Sinulle niin raskas

toisinaan.

Lapset huutavat kovempaa
kuin pölynimuri.
Vastapäätä shakkilauta.

Saniainen.
Katsot mutta et puhu.

Joka hetki banjo soi.
Eikä kukaan soita sitä.
Keksii tekosyyn
lähteä jonnekin.

Ei liikettä.

Mytologian näkökulmasta
aina ilman kuvia
näkyjä.
Muotoaan hakeva
ei-yhteinen.

Alkulima

solu.

Säästöporsaat avattiin pohjasta.
Käytiin kioskilla.
Sienet 20 penniä
merirosvorahat 30 penniä.
Amalgamipaikat.

Polkupyörän pinnoissa räpätin.
Sarvessa sireeni.
Muistojen valo haalistunut.
Toinen tuleminen.

Olin niin nuori vielä.
En tuottanut spermaa.
Olo oli tyhjä.
Onnellinen.
Hävetti.

Uimarannalla hyppytorni.
Lapsi joka voittaa
rohkeutensa ja jättää hyppäämättä.

Maalari on koloristi tässäkin.

Kuparinväreissä juusto ja
kivennäisvesi.
Tuot taatelikakun.
Syvyydet.

Olet ylpeä uhkeudestasi.

Nosturit nostavat
odotukset korkealle.

Haluan.

Kaupungin solut.
Pimeä aamu
ja me puhumme
hiljaa rakkaudesta.

Joo
niin
kuuntele
Mutta tunteet.

Jos vaihdan kanavaa
aalto kasvaa olohuoneeseen.
Elvyttäisin sinua.

Illat
katujen puhetta.
Lamput syttyvät
paljastaen yksinäisen.

Joulukuu

Lastenkodin ikkunassa
taapero helistimineen.

Sataa hiljaa lunta.

Rakastellaan.
Herätetään kirjat.

Kevät.
Jääpuikot sulavat.
Tuntuu kuin laskisin
alleni.
Riippuvuus muotonsa
hakemisesta.

Miten paljon kulminoituu
että unissani puhun
että vesi on lähellä
alkaisi alusta.

Sälekaihtimia räpsyttämällä
pilvet diakuvina.

Äänivana.

Kodin vieraus.
Puheet huomisista.
Historia meistä
ulkopuolella.

Kielistudio.

Sinun puheesi seuraa
maalin hajua.
Klo 22.55 teemme lasta.

Muumikannu.

Pinkki hattara.
Vanhempien puheet
huvipuistolaitteita.

Näkikö kukaan muuttolintuja?

Aivastus.

Yritän puhua niin kuin
luolaihminen
piirsi kallioon.

Räkää.

Kerrostalojen nopeus.
Sade kun painaa
pause-näppäintä.

Kuumetta.

Ääniä jotka

lakkaavat

toistuvat.

Hahmo

Ajanjakso.

Barabbas on täällä.

Fetissi

Kukkia suklaata

nöyryys

sanahälinän lämpö.

Verkkosukkahousut&pikkujoulut.

Miehiä.

Kaksi Tanskandoggia.
Etsin kiintopistettä.
Asioiden selkeyttä.

Lauseet hukkuvat
astioiden kolinaan.
Rakkaus muuttuu tällaiseksi.

hiljainen EI.

Päihtyä elämästä joka hetki.
Juovuksissa sinusta
aamusta iltaan.

Kirjoittaa niin hiljaa
että naapuritkin kuulevat
miten intohimoisia
me paperilla olemme.

Läähätys.

Kuola.

Kääretortun makeus.
Sen voisi ajatella
metaforana onnellisesta
elämästä.

Jos rakkaus tulee myyntiin
tingi
älä osta.
Säästä.
Kerää tyhjiä pulloja.
Suuret alennukset
eivät tee oikeutta
kenellekään.

Esineet ovat kuulleet kaikki riidat.
Mutta ne eivät puhu
kuten kasvit
vierasta kieltä.

Kuorsaus.

Eläin ottaa oikean asennon
väärän
Ymmärtää mahdottoman.

Ihminen jolle kertoa

siten että jättää kertomatta.
101

Ilmavaivat.

Kuori.

Luot minussa kaiken muun.

Silmät kiinni.